生态环境监测条例

学习手册

生态环境部生态环境监测司　编

中国环境出版集团·北京

图书在版编目（CIP）数据

生态环境监测条例学习手册 / 生态环境部生态环境监测司编. -- 北京 : 中国环境出版集团, 2025. 12.（2026.1 重印） -- ISBN 978-7-5111-6534-3

Ⅰ. D922.680.4

中国国家版本馆 CIP 数据核字第 202556JY31 号

责任编辑 曲 婷
封面设计 彭 杉

出版发行 中国环境出版集团
（100062 北京东城区广渠门内大街 16 号）
网 址：http://www.cesp.com.cn
电子邮箱：bjgl@cesp.com.cn
联系电话：010-67112765（编辑管理部）
发行热线：010-67125803，010-67113405（传真）
印　　刷 北京鑫益晖印刷有限公司
经　　销 各地新华书店
版　　次 2025 年 12 月第 1 版
印　　次 2026 年 1 月第 2 次印刷
开　　本 787×1092 1/32
印　　张 2.375
字　　数 40 千字
定　　价 15.00 元

目　　录

生态环境监测条例 2

司法部、生态环境部负责人就《生态环境监测条例》答记者问 18

《生态环境监测条例》媒体吹风会重点问题 24

《生态环境监测条例》权威解读 47

生态环境监测制度建设进入新阶段 47

筑牢生态环境监测法治根基　高质量赋能美丽中国建设 52

《生态环境监测条例》对自行监测的规范与创新 ...58

以法治力量护航生态环境监测产业高质量发展——《生态环境监测条例》解读 62

以严密法网保障生态环境监测事业 66

中华人民共和国国务院令

第 820 号

《生态环境监测条例》已经 2025 年 10 月 17 日国务院第 70 次常务会议通过，现予公布，自 2026 年 1 月 1 日起施行。

总理　李强

2025 年 10 月 31 日

生态环境监测条例

目　　录

第一章　总　　则
第二章　公共监测
第三章　自行监测
第四章　技术服务机构
第五章　监督管理
第六章　法律责任
第七章　附　　则

第一章　总　　则

第一条　为了规范生态环境监测活动，提升生态环境监测能力和水平，保障生态环境监测数据质量，更好发挥生态环境监测在支撑生态文明和美丽中国建设、服务经济社会高质量发展中的重要作用，根据有关法律，制定本条例。

第二条 在中华人民共和国领域及管辖的其他海域开展生态环境监测及其相关活动，适用本条例。法律、行政法规另有规定的，依照其规定。

本条例所称生态环境监测，包括政府及其有关部门为履行生态环境保护等职责开展或者组织开展的生态环境监测（以下统称公共监测），以及负有法定监测义务的企业事业单位和其他生产经营者（以下统称企事业单位）就其相关活动对生态环境的影响开展的自行监测。

第三条 生态环境监测工作应当贯彻党和国家路线方针政策、决策部署，坚持依法监测、科学监测、诚信监测，构建政府主导、部门协同、企事业单位履责、社会参与、公众监督的机制。

第四条 国家建立健全生态环境监测制度，完善生态环境监测规范和标准。开展生态环境监测应当遵守生态环境监测规范和标准。

第五条 国家加强生态环境监测能力建设，加快建立现代化生态环境监测体系，构建陆海统筹、天地一体、上下协同、信息共享的生态环境监测网络，全面提升生态环境监测的自动化、数字化、智能化水平。

第六条 县级以上人民政府应当加强对生态环境监测工作的组织领导和支持保障，统筹协调解决生态环境监测工作中的重大问题，按照财政事权和支出责任划分原则将开展生态环境监测工作所需经费列入本级预算。

第七条 国务院生态环境主管部门在其职责范围内负责全国的生态环境监测工作。国务院自然资源、住房和城乡建设、交通运输、水行政、农业农村、气象、林业草原、疾病预防控制等有关部门按照职责分工，负责生态环境监测有关工作。

地方人民政府生态环境主管部门在其职责范围内负责本行政区域内生态环境监测工作。地方人民政府有关部门按照职责分工，负责本行政区域内生态环境监测有关工作。

第八条 地方各级人民政府应当建立健全防范和惩治生态环境监测数据弄虚作假的责任体系和工作机制，确保生态环境监测数据真实、准确、全面。

第九条 国家鼓励、支持生态环境监测先进技术和装备的研究、开发和应用，加大生态环境监测专业人才培养力度，促进生态环境监测国际交流合作。

国家建立健全生态环境监测数据汇交制度和集成共享机制，鼓励、支持生态环境监测数据深度开发和应用。

第二章 公共监测

第十条 地方各级人民政府、县级以上人民政府有关部门应当认真履行生态环境监测职责，依照法律、法规规定以及生态环境保护工作需要，开展或者组织开展生态环境质量监测、生态环境监督监测、突发生态环境事件应急监测等公共监测。

第十一条 国务院生态环境主管部门会同国务院有关部门组织国家生态环境监测网络。设区的市级以上地方人民政府生态环境主管部门会同同级有关部门组织本行政区域内地方生态环境监测网络。

组织生态环境监测网络，应当坚持布局合理、功能完善、分级分类、共建共享的原则，推进国家生态环境监测网络和地方生态环境监测网络互联互通。

第十二条 国务院生态环境主管部门会同国务院有关部门统一规划国家生态环境质量监测站点设置。省、自治区、直辖市人民政府生态环境主管部门会同同级有关部门统一规划本行政区域内地方生态环境质量监测站点设置。设置、调整和撤销地方生态环境质量监测站点，应当报国务院生态环境主管部门或者国务院有关部门备案。

生态环境质量监测站点设置应当符合生态环境监测规范的要求，避免重复建设。

第十三条 生态环境主管部门、其他有关部门应当按照职责分工，加强对生态环境质量监测站点的管理，保证生态环境质量监测站点正常运行。

地方各级人民政府应当依法为生态环境质量监测站点的建设、运行提供保障，并采取措施加强对生态环境质量监测站点的保护。

任何单位和个人不得侵占、损毁生态环境质量监测站点及其设施、设备，不得干扰生态环境质量监测站点正常运行。

第十四条 国务院生态环境主管部门会同国务院有关部门组织开展重点区域、流域、海域生态环境质量监测，为推动区域协调发展、科学实施生态保护补偿、优化产业布局等提供支撑。

县级以上地方人民政府及其有关部门可以根据实际需要，联合组织开展跨行政区域的生态环境质量监测，推动监测信息共享、监测数据互认。

第十五条 国务院生态环境主管部门和省、自治区、直辖市人民政府生态环境主管部门按照有关规定统一发布生态环境质量监测信息，定期发布生态环境状况公报。

任何单位和个人不得违法发布生态环境质量监测信息。

第十六条 生态环境主管部门、其他有关部门应当按照职责分工，依法加强对各类污染源（包括移动污染源）等的监督监测，并根据监测结果向有关单位或者个人提出相关建议、要求或者作出处理决定。

鼓励在生态环境监督监测中使用遥感监测等非接触式技术手段，提升监测效率，减少对正常生产经营活动等的影响。

第十七条 生态环境主管部门、其他有关部门应当加强对生态环境风险的监测预警，提升生态环境风险预警能力；发现可能危害生态环境安全或者公众健康情形的，县级以上人民政府应当依法及时发布预警信息。

第十八条 县级以上人民政府应当建立健全突发生态环境事件应急监测管理体系，将突发生态环境事件应急监测纳入相应的应急预案，提高突发生态环境事件应急监测响应能力。

突发生态环境事件发生后，生态环境主管部门和其他有关部门应当根据应急处置工作统一部署开展应急监测。突发生态环境事件应急处置工作结束后，有关人民政府应当立即组织评估事件造成的环境影响和损失，并及时将评估结果向社会公布。

第十九条 地方各级人民政府、县级以上人民政府有关部门工作人员不得以任何方式对公共监测数据弄虚作假或者明示、暗示有关单位、个人对公共监测数据弄虚作假，不得对依法履行职责或者拒绝、抵制监测违法行为的单位、个人打击报复。

第三章　自行监测

第二十条　企事业单位对其生产经营等活动中污染物、温室气体等的排放情况以及建设项目、突发生态环境事件等对生态环境的影响，依照法律、法规规定开展自行监测。

第二十一条　开展自行监测应当按照生态环境监测有关规范和标准制定监测方案，明确监测点位设置、监测指标、监测频次、监测方式等。

自行监测的主要监测点位应当按照规定安装、使用可以获取监测活动过程和监测设备运行情况的视频监控设备，并与生态环境主管部门或者其他有关部门联网。

第二十二条　开展自行监测应当使用符合国家标准和规范的监测设备，并对监测设备进行经常性维护、保养和定期检定、校准，保证监测设备正常运行。

第二十三条　依照法律、法规规定应当安装、使用自动监测设备的企事业单位，其自动监测设备应当与生态环境主管部门联网。

企事业单位发现自动监测设备传输数据异常的，应当及时报告生态环境主管部门，并对自动监测设备进行检查、修复。

第二十四条 采用手工监测方式开展自行监测的，应当如实记录手工监测期间的生产负荷、污染防治设施运行情况等工况，确保监测数据具有代表性。

第二十五条 企事业单位应当建立健全监测数据质量管理制度。企事业单位及其负责人对监测数据的真实性、准确性负责。

企事业单位不得实施或者明示、暗示有关单位、个人实施下列对监测数据弄虚作假的行为：

（一）未实际开展监测，直接出具监测报告；

（二）篡改、伪造原始监测记录、监测数据；

（三）故意漏检监测项目或者改变监测条件；

（四）调换监测样品或者擅自改变采样点位、时间等，干扰采样环境或者采样活动；

（五）通过不正常运行、破坏监测设备，擅自修改监测设备参数设置，虚假标记自动监测设备状况或者生产设施、污染防治设施工况，或者使用作弊工具等手段，使监测数据失真；

（六）其他对监测数据弄虚作假的行为。

第二十六条 企事业单位应当依照法律、法规规定的期限保存自行监测的原始监测记录；法律、法规没有规定保存期限的，原始监测记录至少保存5年。

企事业单位应当依法公开自行监测相关信息，接受社会监督。

第四章　技术服务机构

第二十七条　政府及其有关部门、企事业单位可以委托依法设立的技术服务机构开展生态环境监测相关服务（以下简称监测服务）。

第二十八条　开展监测服务的技术服务机构应当具备相应的设施设备、技术能力、技术人员和管理能力，并按照规定向生态环境主管部门备案。其中从事检验检测活动的，应当依法取得检验检测机构资质认定。

技术服务机构办理备案，应当向生态环境主管部门提交书面承诺，书面承诺应当包括其设施设备、技术能力、技术人员、管理能力方面的信息，技术服务机构对信息的真实性负责。

生态环境主管部门应当将备案的技术服务机构及其书面承诺、业务范围等向社会公布，并提供备案信息查询服务。

技术服务机构具体管理办法由国务院生态环境主管部门会同国务院有关部门制定。

第二十九条　技术服务机构不得超出其业务范围接受委托，不得违反约定将受托业务转委托。

技术服务机构应当独立、客观、公正开展监测服务，不得同时接受可能存在利益冲突的委托。

第三十条 技术服务机构接受委托开展监测服务，应当遵守生态环境监测规范和标准。

委托单位及其有关人员应当配合技术服务机构开展监测服务，并提供必要的便利和条件。

委托单位应当按规定对技术服务机构监测服务活动加强监督。

第三十一条 技术服务机构接受委托开展生态环境监测设备运行维护，应当建立运行维护记录制度；对发现的影响生态环境监测设备正常运行的问题，应当及时处理，不得隐瞒。

第三十二条 接受委托开展监测服务的技术服务机构应当建立监测数据质量管理制度，不得以任何方式对监测数据弄虚作假。

本条例第二十五条的规定，适用于接受委托开展监测服务的技术服务机构。

技术服务机构及其负责人对技术服务机构出具的监测数据的真实性、准确性负责。

第三十三条 接受委托开展监测服务的技术服务机构应当按照规定保存其开展业务的相关数据、报告、记录以及委托合同等材料，保证业务活动全过程可追溯。

第五章　监督管理

第三十四条　国务院生态环境主管部门推动通过生态环境监测管理服务平台开展监测数据报送、技术服务机构备案、相关信息公布等管理与服务，并与国务院有关部门建立信息共享机制。

第三十五条　生态环境主管部门、其他有关部门应当按照职责分工，加强对生态环境监测活动的监督检查。生态环境主管部门、其他有关部门应当加强协调配合，能够联合检查的实行联合检查，鼓励通过非现场检查、使用非接触式技术手段开展监督检查。

生态环境主管部门、其他有关部门根据需要对企事业单位、技术服务机构及相关场所等进行现场检查的，可以要求有关单位、个人就相关事项作出说明，查阅、复制相关资料，查询、检查相关信息系统，查封涉嫌违法的相关设备、场所等，并可以开展现场监测。有关单位、个人应当予以配合，不得拒绝、阻碍。

检查人员对检查中知悉的国家秘密、工作秘密、商业秘密、个人隐私和个人信息，依法负有保密义务。

第三十六条　国务院生态环境主管部门会同国务院有关部门建立生态环境监测信用评价制度，依法依规将相关违法违规行为记入信用记录，纳入全国信用信息共享平台。

第三十七条 生态环境主管部门根据技术服务机构的规模、技术能力、技术人员水平、管理能力、信用状况等，对技术服务机构实行分级分类监管，引导技术服务机构规模化发展，提升专业化水平和市场公信力。

第三十八条 生态环境监测相关行业组织应当建立健全行业规范，加强行业自律管理，促进行业健康发展。

第三十九条 任何单位和个人对违反本条例规定的行为，有权向生态环境主管部门和其他有关部门举报。接到举报的部门应当依法及时处理。

第六章 法律责任

第四十条 侵占、损毁生态环境质量监测站点及其设施、设备，或者干扰生态环境质量监测站点正常运行的，由生态环境主管部门或者其他有关部门依据职责责令改正，处2万元以上20万元以下的罚款。

第四十一条 地方各级人民政府、县级以上人民政府有关部门工作人员有下列情形之一的，依法给予处分，并予以通报：

（一）对公共监测数据弄虚作假或者明示、暗示有关单位、个人对公共监测数据弄虚作假；

（二）对依法履行职责或者拒绝、抵制监测违法行为的单位、个人打击报复；

（三）其他滥用职权、玩忽职守、徇私舞弊的情形。

第四十二条　企事业单位在开展自行监测中有下列情形之一的，由生态环境主管部门或者其他有关部门依据职责责令改正，处2万元以上20万元以下的罚款；拒不改正的，责令停产停业：

（一）不遵守生态环境监测规范或者标准，导致监测数据失真；

（二）使用不符合国家标准或者规范的监测设备，或者未对监测设备进行经常性维护、保养或者定期检定、校准；

（三）未按照规定在主要监测点位安装、使用视频监控设备；

（四）未按照规定安装、使用自动监测设备，或者发现自动监测设备传输数据异常未及时报告并对自动监测设备进行检查、修复；

（五）主要监测点位视频监控设备或者自动监测设备未与生态环境主管部门或者其他有关部门联网；

（六）未记录或者未如实记录手工监测期间的生产负荷、污染防治设施运行情况等工况；

（七）未建立监测数据质量管理制度；

（八）未保存或者未按照规定期限保存原始监测记录；

（九）未依法公开或者不如实公开自行监测相关信息。

生态环境主管部门或者其他有关部门发现企事业单位使用的监测设备不符合国家标准或者规范的，除依照前款规定对企事业单位予以处罚外，可以将该设备有关情况以及其生产者、销售者向社会公布，并通报市场监督管理部门，由市场监督管理部门对生产者、销售者依法处理。

第四十三条 技术服务机构有下列情形之一的，由生态环境主管部门责令改正，处 2 万元以上 20 万元以下的罚款；有违法所得的，没收违法所得；拒不改正的，责令停业：

（一）不具备相应的设施设备、技术能力、技术人员、管理能力；

（二）未按照规定备案；

（三）超出其业务范围接受委托，违反约定将受托业务转委托，或者同时接受可能存在利益冲突的委托；

（四）开展监测服务不遵守生态环境监测规范或者标准，导致监测数据失真；

（五）开展生态环境监测设备运行维护未建立运行维护记录制度，或者隐瞒、不及时处理发现的影响生态环境监测设备正常运行的问题；

（六）未建立监测数据质量管理制度；

（七）未按照规定保存其开展业务的相关数据、报告、记录、委托合同等材料。

第四十四条 企事业单位实施或者明示、暗示有关单位、个人对监测数据弄虚作假的，由生态环境主管部门或者其他有关部门依据职责责令改正，处10万元以上100万元以下的罚款，对直接负责的主管人员和其他直接责任人员处5万元以上20万元以下的罚款；情节严重的，责令停产停业。

第四十五条 接受委托开展监测服务的技术服务机构对监测数据弄虚作假的，由生态环境主管部门处10万元以上50万元以下的罚款；情节严重的，处50万元以上200万元以下的罚款，禁止从事监测服务，对其中取得监测服务相关资质的，由授予其资质的部门吊销其资质证书。

技术服务机构因前款规定的违法行为受到处罚的，对其直接负责的主管人员和其他直接责任人员处1万元以上5万元以下的罚款，5年内禁止从事监测服务；情节严重的，10年内禁止从事监测服务；构成犯罪的，依法追究刑事责任，终身禁止从事监测服务。

第四十六条 违反本条例规定，给他人造成损失的，依法承担赔偿责任；构成违反治安管理行为的，由公安机关依法给予治安管理处罚；构成犯罪的，依法追究刑事责任。

第七章 附 则

第四十七条 军队的生态环境监测工作按照中央军事委员会的有关规定执行。

第四十八条 生态环境监测数据安全保护，依照《中华人民共和国数据安全法》、《网络数据安全管理条例》的规定执行。

第四十九条 本条例自2026年1月1日起施行。

司法部、生态环境部负责人就《生态环境监测条例》答记者问

2025年10月31日，国务院总理李强签署第820号国务院令，公布《生态环境监测条例》（以下简称《条例》），自2026年1月1日起施行。近日，司法部、生态环境部负责人就《条例》的有关问题回答了记者提问。

问：请简要介绍一下《条例》的出台背景。

答：生态环境监测是加强生态环境保护、实施生态环境管理的重要基础。党中央、国务院高度重视生态环境监测工作。习近平总书记指出，要加强生态状况监测评估，加快建立现代化生态环境监测体系，健全天空地海一体化监测网络，进一步建立健全和严格执行生态环境法规制度。近年来，我国生态环境监测工作取得显著成效，建成全球规模最大、涵盖要素齐全、布局科学合理、技术手段较为先进的国家生态环境质量监测网，对支撑生态文明和美丽中国建设、服务经济社会高质量发展发挥了重要作

用。与此同时，当前生态环境监测领域仍面临监测能力和水平有待提升、监测数据质量保障亟待强化等突出问题，有必要在现行法律、行政法规相关规定基础上，制定关于生态环境监测的专门行政法规，进一步提高生态环境监测工作规范化、制度化水平，为新形势下做好生态环境监测工作提供更加有力的法治保障。

问：这次制定《条例》的总体思路是什么？

答：《条例》制定坚持以习近平新时代中国特色社会主义思想为指导，深入贯彻习近平生态文明思想，在总体思路上主要把握了以下几点：**一是**聚焦生态环境监测面临的突出问题，着力增强制度设计的针对性和实效性。**二是**把握生态环境监测领域基础性行政法规的定位，重在确立基本制度、明确总体要求。**三是**统筹做好与正在编纂的生态环境法典以及其他有关法律、行政法规的协调衔接，形成制度合力。

问：《条例》从哪些方面加强公共监测？

答：主要有五个方面。**一是**规定生态环境主管部门会同有关部门按照布局合理、功能完善、分级分类、共建共享的原则，组织国家和地方生态环境监测网络并推进互联互通。**二是**统一规划国家和地方生态环境质量监测站点设置，加强站点管理和运行保障。**三是**组织开展重点区域、流域、海域以及跨行政区域的生态环境质量监测。**四是**加强对各类污染源等的监督监测以及对生态环境风险的监测预警。**五是**建立健全突发生态环境事件应急监测管理体系，提高突发生态环境事件应急监测响应能力。

问：《条例》在规范企事业单位自行监测方面作了哪些规定？

答：负有法定监测义务的企业事业单位和其他生产经营者依法开展的自行监测，是生态环境监测的重要组成部分。为进一步规范自行监测，《条例》主要作了以下几方面规定：**一是**明确规定企事业单位对其污染物、温室气体等的排放情况以及建设项目、突发生态环境事件等对生态环境的影响，依照规定开展自行监测。**二是**开展自行监测应当按照生态环境监测有关规范和标准制定监测方案，主要监测点位应当按照规定安装、使用视频监控设备并与有关部门联网。**三是**开展自行监测应当使用符合国家标准和规范的监测设备并进行经常性维护、保养和定期检定、校准，自动监测设备应当与生态环境主管部门联网。**四是**企事业单位应当建立健全监测数据质量管理制度，不得以任何方式对监测数据弄虚作假；保存原始监测记录，并依法公开自行监测相关信息，接受社会监督。

问：《条例》如何引导和规范监测技术服务机构健康发展？

答：技术服务机构是指接受政府及其有关部门、企事业单位的委托，提供开展生态环境监测、生态环境监测设备运行维护等监测服务的机构。当前，技术服务机构广泛参与公共监测和自行监测等，对监测数据质量起关键作用。《条例》将规范和引导技术服务机构健康发展作为重要内容，建立了全链条监管体系。**一是**规定开展生态环境监测相关服务的技术服务机构应当具备相应的设施设备、技术能力、技术人员和管理能力，并向生态环境主管部门备案。**二是**技术服务机构应当独立、客观、公正开展相关业务，不得超出其业务范围接受委托或者违反约定将受托业务转委托，不得同时接受可能存在利益冲突的委托。**三是**技术服务机构开展监测服务应当遵守生态环境监测规范和标准，建立监测数据质量管理制度，并按规定保存监测数据、记录等相关材料。**四是**根据规模、技术能力、信用状况等，对技术服务机构实行分级分类监管，引导技术服务机构规模化发展，提升专业化水平和市场公信力。**五是**生态环境监测相关行业组织应当建立健全行业规范，加强行业自律管理。

问：在防范和惩治监测数据弄虚作假方面，《条例》作了哪些规定？

答：生态环境监测数据是客观评价生态环境质量状况、反映污染治理和生态保护成效、实施生态环境管理与决策的基本依据。针对实践中存在的监测数据弄虚作假问题，《条例》从以下几方面作了规定：**一是**切实压实责任。地方人民政府应当建立健全防范和惩治生态环境监测数据弄虚作假的责任体系和工作机制，确保生态环境监测数据真实、准确、全面。同时，企事业单位及其负责人、技术服务机构及其负责人对监测数据的真实性、准确性负责。**二是**严格规范行为。政府及其有关部门工作人员、企事业单位、技术服务机构不得以任何方式对监测数据弄虚作假。**三是**强化责任追究。针对政府及其有关部门工作人员、企事业单位、技术服务机构对监测数据弄虚作假的行为，对相关单位和个人规定了严格、明确的法律责任，通过罚款、停产停业、吊销资质证书、从业禁止等“组合拳”，切实提高违法成本，形成强有力震慑。

问：为确保《条例》顺利实施，有关方面还将开展哪些工作？

答：为确保《条例》贯彻实施，有关方面将抓紧做好以下几个方面的工作。**一是**加大宣传解读力度。采取多种形式做好《条例》的宣传解读和培训等工作，帮助政府及其有关部门工作人员、开展自行监测的企事业单位、技术服务机构等单位和个人更好地掌握《条例》内容，做到知法守法，为《条例》实施营造良好环境。**二是**及时完善有关配套制度，特别是会同有关部门加快制定自行监测管理办法和技术服务机构管理办法等，进一步落实落细《条例》相关规定。**三是**加强监督检查。不断加强执法队伍建设，提升监管能力和水平，加大监督执法力度，严厉查处违法行为，切实做好《条例》的贯彻实施。

《生态环境监测条例》媒体吹风会重点问题

11 月 6 日，《生态环境监测条例》（以下简称《条例》）正式公布，这是我国首部生态环境监测专门行政法规，是生态环境监测领域法治化进程中的一项标志性成果，是生态环境监测事业五十余年发展历程中的一个重要里程碑。11 月 18 日，生态环境部召开媒体吹风会，就《条例》有关问题回答记者提问。

问：请介绍出台《条例》的有关考虑。

答：生态环境监测是生态环境保护的基础，是生态文明建设的重要支撑。习近平总书记高度重视生态环境监测工作，强调“保护生态环境首先要摸清家底、掌握动态，要把建好用好生态环境监测网络这项基础工作做好”；“要把依法监测、科学监测、诚信监测放在重要位置，采取最规范的科学方法、最严格的质控手段、最严厉的惩戒措施，深化环境监测改革，建立环境监测数据弄虚作假防范和惩治机制，确保环境监测数据全面、准确、客观、真实”；“加快建立现代化生态环境监测体系，健全天空地海一体化监测网络”。这为做好生态环境监测工作提供了根本遵循。

近年来，我国生态环境监测工作取得显著成效，建成全球规模最大、涵盖要素齐全、布局科学合理、技术手段较为先进的生态环境监测网络，对支撑生态文明和美丽中国建设、服务经济社会高质量发展发挥了重要作用。与此同时，当前生态环境监测领域仍面临监测能力和水平有待提升、监测数据质量保障亟待强化等突出问题，亟需制定一部生态环境监测的专门行政法规，保障生态环境监测工作在法治轨道上高质量发展。

《条例》深入贯彻习近平生态文明思想，特别是习近平总书记关于生态环境监测工作的系列指示精神，牢牢把握“生态环境监测领域基础性行政法规”这一定位，坚持目标导向和问题导向，确立了生态环境监测的基本制度，明确了生态环境监测的总体要求。

一是坚决有力贯彻党中央国务院决策部署。党的二十大强调“健全现代环境治理体系”。党的二十届三中全会明确要求“健全生态环境监测和评价制度”。2025 年，国务院将生态环境监测条例列入年度立法工作计划。按照国务院部署，生态环境部配合司法部全力推动条例起草等工作，如期圆满完成了立法任务。

二是固化生态环境监测改革成果。党的十八大以来，党中央将生态环境监测改革纳入生态文明体制改革大局统筹推进，先后出台监测网络建设、省以下监测机构垂直管理改革、提高监测数据质量等系列改革文件。通过制定《条例》，将“谁考核谁监测”“谁出数谁负责、谁签字谁负责”等行之有效的改革举措上升为法规制度，做到改革和法治相统一。

三是坚持鲜明的问题导向。《条例》聚焦当前生态环境监测领域的薄弱环节，紧盯公共监测质效需要提升、自行监测数据质量问题多发、技术服务机构监管乏力、监测数据弄虚作假惩治力度不足等突出短板，有针对性地强化制度设计、明确各方责任、加大处罚力度，为确保监测数据真实、准确、全面提供强有力法律武器。

四是保持适度的前瞻性和引领性。适当考虑碳达峰碳中和战略可能带来的监测需求，《条例》将企事业单位温室气体排放监测纳入自行监测管理范畴，做出了原则性、引领性规定，为后续开展相关工作预留制度空间。同时，《条例》强化监测科技创新导向，鼓励、支持先进技术和装备的研究、开发和应用，不断提升监测的自动化、数字化、智能化水平。

党的二十届四中全会提出，完善生态环境标准、监测、评价和考核制度。下一步，我们将认真学习贯彻全会精神，以生态环境监测条例出台为契机，持续完善生态环境监测制度，为美丽中国建设提供更加有力的监测支撑。

问：《条例》最主要解决了长期以来存在的哪些痛点？它的颁布实施，标志着我国生态环境治理体系在哪些方面实现了关键升级？

答：出台《条例》，是生态环境监测事业高质量发展的迫切需要，也是健全生态环境治理体系、提升生态环境治理能力的内在要求。《条例》着力破解制约生态环境监测发展的痛点难点，构建了覆盖全面、权责清晰、监管有力的制度框架，将进一步提高生态环境监测工作法治化、规范化水平。

第一，首次明确公共监测和自行监测分类管理。长期以来，各方对于生态环境监测的范围、功能、主体等认识不一。如何建立一个系统完整、边界清晰的制度框架，明确界定各方责任义务，是《条例》起草过程中面临的首要课题。经过反复研究论证，《条例》从厘清生态环境监测的实施主体入手，创新性地将其分为公共监测和自行监测两类，并为其“量身定制”了可操作性强的管理制度。

公共监测的实施主体是政府及有关部门，主要目的是履行生态环境保护职责。制度设计上重点强化统筹协调，明确了监测网络协同组织、站点统一规划、地方站点备案联网、数据集成共享、信息统一发布等规定，为构建“大监测”格局提供有力法治保障。**自行监测**的实施主体是负有法定监测义务的企事业单位，核心要求是如实监测并报告自身排放情况等对生态环境的影响，制度设计的重点在于规范监测行为。

第二，建立多元协同的责任体系。为全面规范监测活动、提升生态环境监测能力和水平，《条例》清晰界定了各相关方在监测活动组织实施、数据质量、监督管理等方面的责任义务，推动构建政府主导、部门协同、企事业单位履责、社会参与、公众监督的机制。《条例》规定，**地方政府**应当加强组织领导和支持保障，统筹协调解决重大问题，保障工作经费和站点建设运行，建立健全防范和惩治监测数据弄虚作假的责任体系和工作机制。**生态环境部门**在职责范围内负责生态环境监测工作，**其他相关部门**按职责分工负责监测有关工作。**企事业单位、技术服务机构**应当依法依规开展监测活动并对其数据真实性、准确性负责。**行业组织**应当加强行业自律，**任何有关单位和个人都**有权举报违法行为。同时，《条例》规定了政务处分、罚款、停产停业、吊销资质证书、从业禁止等一系列处罚措施，将有力遏制弄虚作假等各种乱象。

第三，着力提升自行监测数据质量。当前，自行监测数据质量形势依然严峻，问题多发频发的局面尚未根本扭转。为此，《条例》坚持问题导向，建立全链条管理制度。**一是覆盖全生命周期**。企事业单位开展自行监测不局限于运行期，建设期与退役期需依法进行监测的，也应按照条例规定规范实施。**二是全过程闭环管理**。对自行监测活动全过程作出细化规定，包括制定方案、设备设施管理、质量管理、信息公开等。**三是强化质量管理要求**。首次明确了企事业单位建立自行监测数据质量管理制度的法定义务，以制度建立健全和有效运行保障数据真实性、准确性。

第四，积极引导监测行业高质量发展。当前，监测市场“内卷式”低价竞争愈演愈烈，“劣币驱逐良币”问题日益突出。《条例》通过一系列制度创新，旨在引导行业从无序扩张转向高质量发展，重塑市场健康新生态。

对技术服务机构来讲，《条例》通过明确基础能力要求，建立分级分类监管制度，将支持一批诚信合规、专业能力强、社会信誉好的优质机构脱颖而出，发挥示范带动作用；同时，《条例》规定了严格严密的处罚措施，坚决清除参与弄虚作假、扰乱市场秩序的“害群之马”，切实保障守法企业的公平发展权。

对装备生产企业来讲，《条例》释放了鼓励先进技术和装备研发的导向，并提出了使用符合标准规范监测设备的底线要求，将有力发挥“鼓励创新”与“规范市场”的双重效应。在核心技术上拥有自主研发能力的企业，将在未来获得更多的政策支持与市场认可，低质、不合规的仪器设备将逐步被市场淘汰。我们还将紧密跟踪新技术发展态势，及时制修订标准规范，以更高标准引领技术装备迭代升级，为高品质监测装备开辟更广阔的发展空间。

问：自行监测是生态环境监测的重要组成部分，对于自行监测，《条例》中有哪些具有创新性和针对性的制度措施？《条例》如何压实企事业单位主体责任？生态环境部门如何加强自行监测监督工作？

答：党的二十届四中全会提出，加快落实以排污许可制为核心的固定污染源监管制度。自行监测是排污许可管理的重要组成部分，是“精准治污、科学治污、依法治污”的重要基础。《条例》针对当前自行监测存在的突出问题，提出了一系列具有创新性和针对性的制度安排。主要有以下三个方面。

一是构建覆盖全链条、各主体的责任体系。自行监测覆盖企事业单位、技术服务机构、设备生产销售方等多元主体，工作链条长、环节多，实践中常出现责任边界模糊、推诿扯皮等问题，严重制约制度效能发挥。基于此，《条例》着重设计了各主体及其人员全覆盖的责任体系。

一方面，实现对各个责任主体的全覆盖。在现行法律法规着重规定企事业单位责任的基础上，明确将技术服务机构和监测设备生产者、销售者纳入责任体系。要求技术服务机构具备相应能力，恪守独立、客观、公正原则开展监测及运维服务；监管中发现监测设备不符合国家标准或规范的，向社会公布涉事生产者、销售者信息，并同步通报市场监管部门依法处理。

另一方面，实现对各责任单位和责任人员的全覆盖。既要求企事业单位和技术服务机构，也要求其负责人对监测数据的真实性、准确性负责。对弄虚作假的，直接负责的主管人员和其他直接责任人员将受到罚款、从业禁止等处罚，通过“责任到人”进一步确保“责任落地”。

二是构建涵盖全过程、各环节的质量管理体系。建立全过程质量管理体系，是政府部门保障公共监测数据质量的有效手段，在长期实践中得到了充分检验。我们将质量管理理念引入自行监测领域，明确要求企事业单位和技术服务机构建立健全监测数据质量管理制度。这将贯穿到自行监测“准备-实施-存档”全过程，覆盖方案制定、设备管理、操作规范、数据质控、记录保存、信息公开等各关键环节。

特别是，针对一些高风险节点，制定了一系列创新性的制度措施。比如，针对监测设备质量良莠不齐、劣质产品泛滥的问题，《条例》要求使用符合国家标准和规范的监测设备，并配套设置相应罚则。针对自动监测设备运行“失管失控”问题，《条例》要求运维技术服务机构建立运维记录，不得隐瞒影响设备正常运行的问题。针对企事业单位对技术服务机构“一委了之”的问题，《条例》要求委托方应加强对监测服务活动的监督。

三是构建全方位、多手段的监督体系。为保障自行监测责任体系和质量管理体系落地见效，《条例》构建了“远程+现场+信用”三位一体的监督体系。在**远程监督方面**，我们将依托视频监控、监测设备状态和参数联网等，运用视觉分析、算法模型等数智化手段，及时发现异常监测活动。在**现场监督方面**，我们将在用好远程监督线索的基础上，着重加强对质量管理制度建立情况、监测标准规范执行情况、监测监控设备使用情况等的检查，对违法违规行为依法严肃查处。在**信用监督方面**，我们将按照《条例》要求，牵头建立生态环境监测信用评价制度，营造依法、科学、诚信监测的良好氛围。

下一步，我部将强化《条例》配套制度供给，研究制定排污单位自行监测管理办法，制修订相关技术规范，对质量管理制度建立、视频监控安装联网、监测设备规范等提出要求，加快提升自行监测数据质量，为生态环境精准监管、科学决策提供坚实数据支撑。

问：开展监测服务的技术服务机构是生态环境监测的重要力量。《生态环境监测条例》第二十八条明确规定从事检验检测活动的技术服务机构，应当依法取得检验检测机构资质认定。请问市场监管总局在加强生态环境监测机构资质管理方面有什么打算？

答：检验检测机构资质认定，是我国检验检测市场的一项基础性准入制度，是由市场监督管理部门依照法律、行政法规规定，对向社会出具具有证明作用的数据、结果的检验检测机构基本条件和技术能力是否符合法定要求实施的行政许可。

在生态环境监测领域，从事检验检测活动的技术服务机构（我们称之为生态环境监测机构），广泛参与公共监测和自行监测，承担着为政府监管部门、企事业单位、社会相关方提供监测数据等服务的重要职责。他们的监测活动和监测结果能否做到客观、公正、准确、有效，事关生态环境监测质量和治理成效。这就要求他们应当具备相应的资质和能力。取得资质认定，正是对这些机构的资质许可和能力证明。截至目前，全国取得资质认定的生态环境监测机构共有 8600 余家，营收超过 500 亿元，从业人员将近 30 万人，为生态环境监测工作提供了重要技术支持和能力保障。

新颁布的《生态环境监测条例》进一步明确了生态环

境监测机构应当依法取得检验检测机构资质认定的法律依据，同时设定了相应的监管制度和法律责任，这为市场监管部门和生态环境部门依据职责加强生态环境监测机构管理提供了更加完备的法治保障。

为配合《生态环境监测条例》颁布，针对生态环境监测机构存在能力要求不足、“内卷式”竞争等问题，市场监管总局联合生态环境部对生态环境监测机构的资质认定评审补充要求（《检验检测机构资质认定生态环境监测机构评审补充要求》）进行了修订。这次修订将从监测机构的人员条件、场所环境、防篡改设备运用，信息化管理系统使用、基础必备能力等方面，系统提升生态环境监测机构资质要求。目的就是强化准入环节的源头把关、强化制度规范的刚性约束，推动生态环境监测机构能力更强、监测更准、服务更优，筑牢监测数据质量的“第一道防线”。

这个《补充要求》作为《生态环境监测条例》的配套文件即将于近期出台。我们将会同生态环境部门做好宣贯，指导各地监管部门和环境监测机构准确理解、严格执行新要求，推动生态环境监测行业向专业化、规范化、集约化方向发展，为强化生态环境治理、建设美丽中国提供高水平技术支撑和高质量监测数据保障。

问：一段时间以来，相关部门一直在加强和规范涉企的检查。如何提高监管效率，减少对企业正常经营的干扰，《条例》中都有哪些新的要求？如何落实？

答：规范涉企检查、提升监管质效是优化营商环境、激发市场主体活力的重要举措。《条例》明确生态环境主管部门"加强对各类污染源监督监测"和"加强对生态环境监测活动监督检查"，并鼓励运用非现场检查、遥感监测等非接触式技术手段，推动监管更加高效、更有温度。

在监督监测方面，过去个别地方"大水漫灌"式入企，对企业生产经营影响较大，同时监测效率低、效果差。例如，在一家企事业单位开展现场监测，仅采样一般就需要一个小时以上，加上爬烟囱到达采样口以及采样前各项准备工作，单次监督监测就需要在企业停留大半天时间。随着现代监测技术的进步，我们越来越多结合环境质量监测和卫星遥感等数据，通过无人机、走航车等非接触技术手段开展监督监测，尽可能做到"不入企""零打扰"。对确需入企的，优先采用便携式监测设备"快筛"，做到"少打扰"。需要强调的是，对涉嫌违法违规排放的，我们仍将严格按照监测标准规范开展采样分析，强化与执法部门联动，坚决守住生态环境底线。

在监督检查方面，我们将落实《条例》要求，更多采用非现场检查方式开展。目前，各地正在探索利用大数据、人工智能等先进技术，综合运用污染源自动监测、用电监控、生产工况、污染防治设施运行情况等多元数据，建立交叉互验的算法模型，进行智能研判，甄别监测活动是否规范。我们还将积极探索对自动和手工监测设备参数、操作记录的“直联直采”等更多非现场检查手段。同时，《条例》要求自行监测的主要监测点位安装视频监控设备并联网，我们将用好用足这些“千里眼”，做到“不入企”即可“无感”监控。

下一步，我们将认真贯彻《条例》，落实国务院关于严格规范涉企行政检查的要求，强化数字技术赋能，不断提升监督监测效率和监督检查效能。

问：《条例》对数据弄虚作假行为规定了包括罚款、停产停业、吊销资质、从业禁止在内的“组合拳”，请问《条例》在强化违法行为的法律责任方面是怎么考虑的？

答：监测数据弄虚作假问题，社会关注度高，党中央、国务院领导多次多作出指示批示。《条例》从保障生态环境监测数据质量出发，着力完善防范和惩治监测数据造假的制度机制，对参与监测数据弄虚作假的单位和个人，规定了严格严密的法律责任。

一是加强对技术服务机构的处罚力度。“十三五”时期以来，生态环境监测技术服务机构规模也得到快速扩大，既为生态环境保护注入新的社会力量，也带来了巨大的监管压力。技术服务机构既包括从事监测活动的机构，也包括从事监测设备运行维护的机构。

《条例》对技术服务机构弄虚作假行为，既设置了罚款处罚，也有禁业规定，还规定了吊销资质，防止“换马甲”逃避制裁。技术服务机构弄虚作假的，在处以罚款的同时，情节严重的禁止从事监测服务、吊销资质证书；技术服务机构因弄虚作假违法行为受到处罚的，对其直接负责的主管人员和其他直接责任人员 5 年禁业，情节严重的 10 年禁业，构成犯罪的终身禁业。切实让技术服务机构对弄虚作假望而止步。

二是实施“双罚”，构建完整责任链条。既罚“甲方”，又罚“乙方”，避免推诿责任。《条例》分别明确了对“委托方”排污单位，以及“受托方”技术服务机构的法律责任，力求破除排污单位“推卸责任”、技术服务机构“包合格”的“潜规则”。**既罚“单位”，又罚“负责人员”，破除让具体工作人员当“替罪羊”的侥幸。**企事业单位实施或者明示、暗示监测数据弄虚作假的，技术服务机构实施弄虚作假的，在对单位实施处罚的同时，也对直接负责的主管人员和其他直接责任人员实施处罚，倒逼企事业单位和技术服务机构加强数据质量管理，规范开展监测活动。

三是部门联动，明确了监测设备生产单位的责任。监测数据造假，涉及企事业单位、技术服务机构，还有监测设备厂商。有些生产厂家故意在监测设备上设置便于篡改、伪造监测数据的“后门”，《条例》对此违法行为也作了考虑。生态环境部门可以将该设备有关情况以及其生产者、销售者向社会公布，并通报市场监督管理部门，由市场监督管理部门对生产者、销售者依法处理，与产品质量监督管理做好衔接，形成部门合力打击造假。

问：《条例》提出要全面提升生态环境监测的自动化、数字化、智能化水平，我们也注意到黄润秋部长不久前在国新办新闻发布会上提出要打造 2.0 版本的国家网，请问下一步生态环境部在监测网络数智化方面还有哪些考虑？

答：黄润秋部长在前不久的新闻发布会上提出，要建设以“全域感知、人机协同、自主可控、智能高效”为特征的 2.0 版本国家网，这是我们推进数智化转型的战略目标。主要有四个方面的考虑。

第一，聚焦“全域感知”，健全天空地海一体化监测网络。我们已经建成了规模化的地面监测网络，正在推动光学、高光谱、雷达等卫星星座组网，以及无人机、无人船、低成本高精度传感器应用，构建覆盖“从山顶到海洋”全地域、全要素的监测网络。同时，通过统一数据标准、物联传输和系统集成，打通卫星、航空、地面、海洋等不同监测平台，推动业务模式从一定程度上的“各自为战”转向“一体化作战”。未来，我们还将探索融合具身智能、卫星在轨计算、量子雷达等前沿技术，让生态环境感知更加广泛、及时、灵敏。

第二，聚焦“人机协同”，加力推进“无人化”技术应用。充分发挥机器和人的各自优势，尽可能将相对重复、繁重甚至有一定危险性的监测任务，交由机器承担，让监测人员有更多精力投入到复杂问题研判和创造性决策中。比如，在大气自动监测站运行维护上，通过自动质控、滤膜自动更换等功能升级，减少人工现场巡检，让“机器多出力、人员少奔波”。在地表水、海洋现场采样和实验室分析上，应用无人机、无人船和“黑灯实验室”，可大幅降低成本、提高效率和减少人为因素影响。“十五五”期间，我们将加快推进无人化技术在国家网中的应用，预计人工参与度可降低70%以上，推动监测工作更加迅捷、可靠。

第三，聚焦“自主可控”，提高技术装备国产化水平。我国规模巨大的监测业务场景，正在催生一批符合特定需求的“中国造”监测装备。在新一轮科技革命和产业变革背景下，我们将以需求牵引、系统设计和验证评估为抓手，助力国产技术装备实现“弯道超车”。在硬件上，以智能化、场景化、集成化为重点，支持研发一批精度高、稳定性好、抗干扰能力强且经济实用的多参数一体化监测装备。在软件上，重点加强国产卫星遥感数据处理、监测网络智能运控等行业软件的开发应用。

第四，聚焦“智能高效”，更高水平赋能美丽中国建设。数据是新的生产要素。监测网络获取的海量数据，结合人工智能、大数据等数智技术应用，能够更快更好地转化为支撑管理决策、服务社会公众的高质量监测产品。目前我们正在着力构建生态环境监测行业大模型与算法工具箱，重点提升实时预警、问题识别、精准溯源等数据服务效能。比如，在传统模式下，空气质量预测预报结果的计算周期长、更新频率低，大多是“一日一报”；AI 赋能后，能够实现小时级滚动预报，更好支撑重污染天气应对，服务公众出行安排。

问：请问市场监管总局在加强生态环境监测机构事中事后监管方面有什么打算？

答：除了前面我介绍的严格实施资质认定、加强事前准入把关外，我们还从事中事后环节，加强对生态环境监测活动全过程的监管，铸牢监管链条。市场监管总局会同生态环境部等相关部门，以生态环境监测等领域为重点，组织开展了检验检测机构“双随机、一公开”监督检查；同时，配合生态环境部门持续开展打击第三方环保服务机构弄虚作假问题专项整治。2018 年以来，全国市场监管部门共检查生态环境监测领域检验检测机构 1.84 万家次、查办违法违规案件 5621 起，罚没款 2122.81 万元，撤销、注销机构资质 242 家，移送公安机关案件 73 起，有力震慑了伪造监测数据、出具虚假报告等违法行为。

《生态环境监测条例》颁布实施后，我们将配合生态环境部门，从压实机构主体责任、加强信息通报交流、组织联合监督检查、强化失信联合惩戒等方面，进一步强化对生态环境监测机构的监督管理。对弄虚作假情节严重的生态环境监测机构，将依法吊销其资质认定证书，坚决从市场上予以“出清”除名，切实维护环境监测市场秩序和公信力。

问：近年来，一些企业监测数据造假的情况仍时有发生，请问《条例》在打击、防范监测数据造假方面有哪些针对性的规定？

答：数据质量是生态环境监测工作的“生命线”。弄虚作假是危害生态环境监测事业的“毒瘤”，全社会对此深恶痛绝，生态环境部历来都是“零容忍”，发现一起，坚决查处一起。同时，在工作中，我们也发现弄虚作假行为逐步“隐蔽化、高科技化”，问题发现难、惩处力度弱。现行法律法规难以完全满足防范和惩治弄虚作假行为的制度需求。在《条例》起草过程中，我们系统梳理了近年来监测数据弄虚作假的常见情形，针对性做出了防范和惩治的规定要求，努力为打击弄虚作假筑牢更加坚实的法治根基。

《条例》在行政法规层面详细列举了常见的五类监测数据弄虚作假的具体行为。**一是“无中生有”**。根本未开展监测，直接出具虚假监测报告，可称为“零成本”造假。**二是“篡改伪造”**。实际开展了监测，但为掩盖超标等问题，对原始记录或监测数据进行篡改、伪造。**三是“缩水作业”**。通过故意漏检项目、缩短监测时长、减少采样点位或样本数量等方式，使数据“缩水”，人为“美化”监测结果。**四是“干扰采样”**。有的直接调换样品，比如将待测水样换成纯净水或者提前配置的低浓度水样。有的遮挡、堵塞采样口，甚至将采样探头从烟道中拔出，直接“测空气”。**五是“擅动设备”**。比如擅自修改设备中监测数据的计算公式，将系数由 1 改成 0.2，导致监测结果“打两折”；在污染治理设施失效时，恶意切断监测设备电源，以数据缺失逃避监管。**此**

外，《条例》还设置了兜底条款，确保各类新型或隐蔽的造假行为都能纳入监管范畴。

针对这些弄虚作假行为，《条例》坚持“源头严防，过程严管，后果严惩”的系统治理思路，全链条、全方位进行防范和惩治。

一是源头严防，管住监测设备。监测设备的优劣，从源头决定监测数据的“出生质量”。《条例》明确要求开展自行监测应当使用符合国家标准和规范的监测设备，加强对生产、销售不合格监测设备行为的监管和曝光。后续我们将加快相关标准和规范的供给，强化防范弄虚作假的要求，例如设备身份唯一标识、核心计算公式封装、操作日志云端留痕等，给监测设备加上多重“安全锁”。

二是过程严管，规范监测活动。监测活动过程不透明、不可控，是弄虚作假者有恃无恐的重要原因。《条例》首次在法规层面明确视频监控要求。这将实现监测活动过程和监测设备运行情况的实时、可视化管理。同时，《条例》要求通过生态环境监测管理服务平台，强化监督管理。我们将融合定位授时、直联直采、人脸识别、纸质监测记录电子化等手段，推动样品采集、运转、分析，以及设备运维和数据传输的精细化监控、穿透式监管。

三是后果严惩，强化责任追究。对企事业单位弄虚作假的，最高可处以 100 万元以下的罚款，情节严重的，责令停产停业；对技术服务机构弄虚作假的，最高可处以 200 万元以下的罚款，情节严重的，禁止从业，吊销资质。同时，对有关责任人员提出罚款、禁业等处罚措施。这些将对弄虚作假形成“伸手必被捉，造假必严惩”全方位震慑。

虚假数据比没有数据更可怕。防范弄虚作假需要全社会共同努力。希望各位记者积极发挥媒体监督作用，与我们一道构筑监测数据质量防线，共同守护好绿水青山。

问:《条例》对社会化环境监测机构采用了“备案制”。请问出于怎样的考虑？随之建立的“信用评价”体系，如何真正实现优胜劣汰？

答: 技术服务机构是当前生态环境监测工作的重要参与方，其服务水平直接决定监测数据质量。《条例》设专章对技术服务机构健康发展予以规范和引导。

当前监测服务市场中，有两类机构问题比较突出：一类是从事检验检测活动的，已纳入市场监管部门资质认定（CMA）管理，具备提供技术服务的相应能力。但目前生态环境部门难以全面、及时掌握其技术服务的活动过程，容易形成监管盲区；另一类是承担监测设备运行、维护的，目前未纳入资质认定管理，更难以了解其服务活动过程，成为监管真空地带。

为加强对技术服务机构监管，《条例》起草过程中，我们借鉴其他行业及地方有效经验，在不过多增加企业负担的前提下，提出了以备案为基础的一系列管理制度。对于技术服务机构来说，其一，应当具备相应的设施设备、技术能力、技术人员和管理能力；其二，应向生态环境部门备案，并提交书面承诺，对备案信息真实性负责；其三，不能超出业务范围接受委托。对生态环境部门来说，将通过线上方式提供备案服务，做到“一次备案、全国共享”，备案信息向社会公布，为企事业单位等选择技术服务机构，提供便利的备案信息查询。

在以上工作基础上，我们将会同有关部门建立生态环境监测信用评价制度，依法依规将相关违法违规行为记入信用记录，纳入全国信用信息共享平台。同时，结合技术服务机构的规模、能力、水平和信用状况实施分级分类监管，引导技术服务机构规模化发展，提升专业化水平和市场公信力。

从实践中看，技术服务机构分级分类监管已在长三角等地初见成效。2021 年至 2024 年，上海市信用等级较高的机构业务占比提高了近 20 个百分点，达到了 80%以上，且市场服务价格回归合理区间，从“没有最低只有更低”的恶性低价竞争，逐步迈入“拼合规、拼质量”的良性发展轨道。

下一步，我们将加快制定技术服务机构管理的配套制度，细化备案管理、信用管理、分级分类监管等具体要求，提升监管精准性，以有效监管护“良币”驱“劣币”，努力构建既“放得活”又“管得好”监测服务市场。

生态环境监测制度建设进入新阶段

2025 年 10 月 31 日，第 820 号国务院令公布《生态环境监测条例》（以下简称《条例》），自 2026 年 1 月 1 日起施行。作为我国生态环境监测领域的基础性行政法规，《条例》的出台标志着我国生态环境监测制度建设进入新的阶段。

生态环境监测是加强生态环境保护、实施生态环境管理的重要基础。党中央、国务院高度重视生态环境监测工作，就加强生态环境监测工作作出一系列决策部署。2023 年，习近平总书记在全国生态环境保护大会上的重要讲话中，明确指出要“加强生态状况监测评估”，“加快建立现代化生态环境监测体系，健全天空地海一体化监测网络”。经过长期努力，特别是“十四五”期间的快速发展，我国生态环境监测工作取得显著成效。从公共监测看，我国建成了全球规模最大、涵盖要素齐全、布局科学合理、技术手段较为先进的国家生态环境质量监测网，数智化转型取得阶段性成果，监测覆盖面不断拓展、监测精度持续提升。从自行监测看，广大企事业单位履行法定监测义务的意识持续增强，监测行为规范程度不断提高，监测数据质量状况稳定趋好。在生态文明建设发生历史性、转折性、全局性变化，美丽中国建设迈出重大步伐的进程中，生态环境监测发挥了不可或缺的强有力支撑作用。与此同时，生态文明和美丽中国建设的深入推进，对生态监测工作提出了新的更高要求。从实际情况看，当前生态环境监测工作仍存在监测能力和水平有待提升、监测数据质量保障亟待强化等与新形势新要求不相适应的突出问题，需要采取包括加强制度建设在内的有效措施，切实加以解决。从制度建设情况看，《条例》出台前，有关生态环境监测的规定分散在 60 余部法律、行政法规中，不够系统、全面，且仅针对特定领域，难以适应生态环境监测工作对制度建设的需求。在现行法律、行政法规有关规定的基础上，强化制度集成，制定关于生态环境监测的专门行政法规，是贯彻落实习近平总书记重要指示批示精神和党中央决策部署的重要举措，是进一步提高生态环境工作规范化、法治化水平，做好新形势下生态环境监测工作的客观需要和内在要求。

《条例》制定的总体思路是：聚焦生态环境监测面临的突出问题完善制度设计，着力增强针对性和实效性；立足生态环境监测领域基础性行政法规定位，重在确立基本制度，明确共性要求；统筹做好与正在编纂的生态环境法典以及其他有关法律、行政法规的协调衔接，形成制度合力。

针对生态监测工作的实际情况和问题，《条例》明确把规范生态环境监测活动、提升生态环境监测能力和水平、保障生态环境监测数据质量，更好发挥生态环境监测在支撑生态文明和美丽中国建设、服务经济社会高质量发展中的重要作用作为立法目标，以此统率和指引具体制度设计，做到纲举目张。

《条例》围绕明确总体要求、加强公共监测、规范自行监测、规范技术服务等方面，对生态环境监测作出了较为全面、系统的规定，力求构建统一规范的生态环境监测制度体系。关于总体要求，《条例》明确规定生态环境监测工作应当贯彻党和国家路线方针政策、决策部署，坚持依法监测、科学监测、诚信监测，构建政府主导、部门协同、企事业单位履责、社会参与、公众监督的监测工作机制；开展生态环境监测应当遵守生态环境监测规范和标准；国家加强生态环境监测能力建设，加快建立现代化监测体系，全面提升生态环境监测自动化、数字化、智能化水平，鼓励、支持生态环境监测数据深度开发和应用。

在加强公共监测方面，为进一步压实责任，《条例》明确要求政府及其有关部门认真履行生态环境监测职责，依照法律、法规规定以及生态环境保护工作需要，开展或者组织开展生态环境质量监测、生态环境监督监测、突发生态环境事件应急监测等公共监测。为统筹整合监测资源，发挥最大合力，规定生态环境主管部门会同有关部门按照布局合理、功能完善、分类分级、共建共享的原则组织国家和地方生态环境监测网络并推进互联互通；统一规划国家和地方生态环境质量监测站点设置，加强站点管理和运行保障。为确保生态环境质量监测信息的一致性和权威性，明确生态环境质量监测信息由国务院生态环境主管部门和省、自治区、直辖市人民政府生态环境主管部门统一发布，任何单位和个人不得违法发布。

对于企事业单位自行监测，《条例》重在进一步加强规范，规定开展自行监测应当按照生态环境监测有关规范和标准制定监测方案，主要监测点位应当按照规定安装、使用视频监控设备并与有关部门联网；使用符合国家标准和规范的监测设备并进行经常性维护、保养和定期检定、校准，自动监测设备应当与生态环境主管部门联网；建立健全监测数据质量管理制度并保存原始监测记录，不得实施或者明示、暗示有关单位、个人实施对监测数据弄虚作假的行为。

针对技术服务机构广泛参与生态环境监测，对保障监测数据质量负有重要责任这一实际情况，《条例》专设“技术服务”一章，提高技术服务机构门槛，要求其具备相应条件并向生态环境主管部门备案；明确行为规范，包括独立、客观、公正开展相关业务，不得超出其业务范围接受委托或者违反约定将受托业务转委托，不得同时接受可能存在利益冲突的委托；开展监测服务应当遵守生态环境监测规范和标准，建立监测数据质量管理制度，并按规定保存监测数据、记录等相关材料，不得以任何方式对监测数据弄虚作假。

防范和惩治生态环境监测数据弄虚作假是《条例》解决的重点问题。就此，《条例》坚持问题导向和系统观念，抓住关键节点，从强化政府及其有关部门职责、压实企事业单位主体责任、加强技术服务机构管理、强化监督检查、加大处罚力度等方面，有针对性地作出制度安排，着力完善防范和惩治监测数据造假的制度机制。

徒法不足以自行。下一步，有关方面还需要做大量扎实细致的工作，推动《条例》真正落地实施，为促进生态环境监测高质量发展，推动生态文明和美丽中国建设取得新的更大进展发挥应有的保障和支撑作用。

本文引自 2025 年 11 月 12 日《法治日报》

筑牢生态环境监测法治根基 高质量赋能美丽中国建设

中国环境监测总站副站长　陈传忠

《生态环境监测条例》（以下简称《条例》）是我国生态环境监测领域首部综合性行政法规，也是深入贯彻落实习近平法治思想、习近平生态文明思想的标志性成果。生态环境监测是支撑生态环境保护的“顶梁柱”和“生命线”。经过多年发展，特别是“十四五”以来的快速建设，我国已建成规模庞大、要素齐全、布局合理的生态环境监测网络。与此同时，生态环境监测工作规范化、制度化水平有待进一步提高。《条例》通过明确生态环境监测工作的法律地位、基本原则、管理体制、各方权责、行为规范和法律责任等，系统构建了生态环境监测基本制度框架，标志着生态环境监测工作全面迈入法治化、规范化、高质量发展的新阶段。

一、构建统一协调的生态环境监测制度体系，明确职责边界与共享机制

《条例》对生态环境监测网络的建设与管理进行了顶

层设计，要求构建“陆海统筹、天地一体、上下协同、信息共享”的现代化监测体系。

一是明确部门协同机制，建立“大监测”工作格局。针对监测信息融合不畅、重复建设与监管盲区并存等问题，《条例》明确了相关部门职责，规定生态环境主管部门会同有关部门组织生态环境监测网络，统一规划生态环境质量监测站点设置，确立了相关部门各负其责、协同配合的工作机制，为进一步加强部门合作，协同建立天空地海一体化生态环境监测网络，支撑国家生态环境治理效能提升奠定了基础。

二是国家与地方联动，保障网络建设运行有序。《条例》规定，国务院生态环境主管部门会同国务院有关部门负责“国家生态环境监测网络”的建设、国家生态环境质量监测站点的设置与备案管理等，侧重于宏观布局、规则制定和监督管理。地方人民政府及其有关部门负责本行政区域内生态环境监测网络的规划建设、运行保障和属地管理。这种制度安排，既保证了全国生态环境监测网络的布局合理、标准统一、运行有序，体现了“全国一盘棋”的要求，又赋予了地方人民政府必要的自主权和灵活性，有利于结合地方实际开展工作，形成制度合力。

三是确立数据汇交共享制度，夯实协同治理数据基础。《条例》系统构建了以数据汇交、网络互联、信息共享与数据互认为核心的生态环境监测数据汇交共享制度，使“共建共享”从原则倡导落实为明确的法定义务。这对于支撑区域大气污染联防联控、流域水环境协同治理、重大国家战略的环境影响评估等至关重要。只有实现了跨部门、跨区域、跨层级的数据畅通流动，才能为精准溯源、科学决策和高效监管提供坚实、统一的数据基础，从而极大提升生态环境治理整体性和协同性。

二、健全全链条质量监管机制，压实各方主体责任

数据真实、准确是生态环境监测的核心价值所在。《条例》通过健全全链条监管体制，压实各方责任，对数据造假行为“零容忍”，切实维护监测数据的公信力。

一是压实企事业单位主体责任，源头严防。自行监测是生态环境监测的重要组成部分。《条例》详细规定了企事业单位的法定监测义务和质量保证责任，明确企事业单位及其负责人对监测数据的真实性、准确性负责，并首次在行政法规层面详尽列举了六类数据弄虚作假的具体行为，增强了对违法行为的鉴别力和法律威慑的精准度。同时，《条例》要求企事业单位建立监测数据质量管理制度，在主要监测点位安装视频监控并联网，这些规定共同构成了源头严防的“组合拳”，进一步明确并强化了企事业单位对监测数据质量的主体责任。

二是规范机构技术服务，过程严管。技术服务机构是生态环境监测市场的重要力量，其执业质量直接影响数据可靠性。《条例》对技术服务机构构建了系统的监管框架，明确了严格的备案与执业要求，强调其必须独立、客观、公正地开展服务，建立服务全过程记录与可追溯管理制度，从而形成了覆盖机构备案、执业规范、责任界定到事后追责的严密监管链条。

三是健全责任追究机制，后果严惩。《条例》针对不同程度的违法行为，设定了从罚款、停业整顿到吊销资质、终身禁业乃至追究刑事责任的梯度化处罚，彰显了国家保障生态环境监测数据质量的坚定决心。

三、引领监测技术能力发展，提升数据应用与服务效能

《条例》不仅是对现有实践的总结，更是面向未来、引领发展的规范，敏锐把握了数字化、智能化的发展趋势，为生态环境监测事业的转型升级指明了方向，为依靠科技创新提升监测能力提供了法治牵引。

一是明确现代化监测体系建设方向，强化能力保障。《条例》着眼构建覆盖陆海、贯通天地、央地协同、数据互通的高水平生态环境监测网络，着力推动生态环境监测技术、装备向自动化、数字化、智能化升级。这一顶层设计为不断提升生态环境监测网络的广度、精度和效率提供

了坚实的制度保障。同时，《条例》强调加强专业人才队伍的培养与建设，从科技创新和智力支撑两个维度，为生态环境监测能力的持续提升注入强劲动力。

二是鼓励技术融合与应用创新，驱动数智转型。《条例》明确鼓励遥感监测等非接触式技术手段应用，要求通过生态环境监测管理服务平台实现数据集成、管理、服务和共享，其导向是推动监测手段从传统手工向自动化、智能化演进，监测模式从粗放式向精准化转变，为推广运用卫星遥感、无人机、大数据、人工智能等新技术提供了法律依据和支撑。这种发展导向不仅能提升监测效率，减少人为干扰，更能实现对生态环境质量与污染源的实时感知、精准溯源和趋势预警，从而为“精准、科学、依法”治理污染提供技术支撑。

三是拓展监测服务领域，提升支撑决策效能。《条例》的立法目的不仅限于保障数据质量，更强调发挥生态环境监测在支撑生态文明和美丽中国建设、服务经济社会高质量发展中的重要作用。这意味着生态环境监测工作的定位正在从单纯的环境质量评价，向服务综合决策、评估治理成效、优化产业布局、支撑生态补偿等更广阔的领域延伸。《条例》提及的为重点区域、流域、海域以及区域协调发展等提供支撑，强调的风险监测预警，都体现了生态环境监测服务内涵的深化和外延的拓展。这就要求生态环境监测工作必须不断提升数据的分析挖掘能力和综合应用效能，使海量监测数据真正转化为有价值的决策信息，服务于经济社会高质量发展的宏观大局。

《生态环境监测条例》对自行监测的规范与创新

生态环境部环境工程评估中心党委书记、主任
黄小赠

企事业单位自行监测数据的真实性、准确性，既是其恪守社会责任的基石，更直接牵动着污染减排的实效和环境质量的改善，深刻影响着生态环境领域的公平与正义。《生态环境监测条例》（以下简称《条例》）围绕自行监测监督管理，规定了企事业单位及相关方的义务、监管要求和法律责任，设计了一系列具有创新性和针对性的制度措施，可谓亮点纷呈。

亮点一：系统性构建自行监测数据质量管理制度，筑牢数据真实性的“防火墙”

一是确立质量管理制度的法定地位。建立质量管理制度是保障数据真实准确、实施全过程监管的重要基础。《条例》规定企事业单位应当建立健全监测数据质量管理制

度，并将其履行情况纳入监督管理范围，对未设立质量管理制度的企事业单位处 2 万～20 万元的处罚。这意味着建立监测数据质量管理制度，已从一项企事业单位可自主选择的软性要求，转变为必须依法建立并严格执行的强制性法律义务，今后企事业单位必须加强采样、分析、记录、审核等活动的全过程管理，以保证自行监测数据的质量。

二是强化监测设备的全周期管理。《条例》规定企事业单位必须使用符合国家标准和规范的监测设备，将监管视野延伸至设备管理端。实践中，一些设备厂商故意预留数据造假“后门”。《条例》明确对于不符合国家标准或者规范的监测设备，管理部门可以将“该设备的有关情况以及生产者、销售者向社会公布，并通报市场监督管理部门，由市场监管部门对生产者、销售者依法处理”，实现对监测设备的闭环管理，推动形成“优胜劣汰”的监测设备市场环境，从源头压缩“造假空间”。

三是引入过程性监控的“电子眼”。《条例》规定开展自行监测的主要监测点位应安装、使用可以获取监测活动过程和监测设备运行情况的视频监控设备，并与生态环境主管部门联网，这是一项针对性极强的措施。通过视频监控实现对监测核心环节的远程、实时、可视化管理，使采样点位被擅自改变、监测设备被非法干扰等行为无处遁形，极大增强了监管的威慑力。

亮点二：规范与培育并重，建立健全技术服务机构监管新机制

《条例》通过设专章的形式，建立了完善的技术服务机构管理制度，对于自行监测而言，技术服务机构承担的任务包括两大类，一类是开展手工监测，一类是对自动监测设备进行运行维护。近年来，一些技术服务机构被曝光参与数据造假。《条例》的出台将有利于培育一个健康、专业、可信赖的监测服务市场。

一是确立备案制度。《条例》规定技术服务机构需具备相应的设施设备、技术能力等条件，并向生态环境主管部门备案，提交书面承诺。这既设定了基本的从业要求，又强化了机构自律和社会监督。

二是明确行为规范与独立性要求。《条例》明确要求技术服务机构建立质量管理制度，并禁止机构超范围承接业务、转委托和同时接受利益冲突的委托，保障了监测服务的独立、客观、公正。

三是明确数据质量责任。《条例》规定，技术服务机构及其负责人应对监测数据的真实性、准确性负责，委托单位应对技术服务机构的监测服务活动加强监督。这一条款有利于破解以往一些排污单位“一委了之”、技术服务机构“唯利是图”的局面，推动双方审慎选择与合作。

亮点三：推动监管方式创新与社会共治，构建现代化

监测治理体系

一是鼓励智慧监管与非现场检查。《条例》提出加强部门联合检查，鼓励通过非现场检查、使用非接触式技术手段开展监督检查，这顺应了数字化时代潮流，推动监管从“人海战术”向“科技赋能”转变，利用视频监控、物联网、大数据分析等手段，提高监管效率，减少对企业正常经营的干扰。

二是实行分级分类精准监管。《条例》规定根据技术服务机构的规模、能力、信用等实行分级分类监管。这有利于优化配置监管资源，对信用好、能力强的机构减少检查频次，对风险高的实施重点监管，引导行业良性发展。

三是强化信息公开与社会监督。《条例》规定企事业单位应当依法公开自行监测信息，要求将备案的技术服务机构信息及其书面承诺等向社会公布。这种全方位的公开措施，将自行监测相关信息置于社会公众和媒体的监督之下，形成了强大的外部约束力。

《条例》关于自行监测的制度设计，系统回应了当前管理实践中的难点和痛点，通过明晰主体责任、规范监测流程、严惩数据造假、创新监管模式，为构建严密、高效的生态环境监测体系提供了坚实的法治保障。生态环境主管部门和相关企事业单位应深入学习、准确把握、严格执行，共同筑牢美丽中国建设的监测数据根基。

以法治力量护航生态环境监测产业高质量发展

——《生态环境监测条例》解读

中国环境保护产业协会党委书记、会长 郭承站

近日，《生态环境监测条例》（以下简称《条例》）正式公布。《条例》通过统一标准、明确责任、强化惩戒，构建了覆盖“监测—数据—监管—问责”全链条的刚性制度框架，标志着我国生态环境监测事业进入了法治化、规范化、高质量发展的新纪元。《条例》的出台，将强力推动生态环境监测产业向“质量至上”和“价值创造”转型，为生态环境监测产业高质量发展提供了坚实法治保障。

一是构筑行业“反内卷”制度屏障，重塑监测市场健康新生态。过去，技术服务机构呈现出一定程度的“小、散、乱”问题，特别是在自行监测技术服务方面，市场饱和、低价竞争问题突出。《条例》通过统一的监测标准体

系、明确的基础能力要求、分级分类的监管制度、坚定有力的惩处措施，可以有效净化市场生态，维护公平竞争秩序，为坚守底线、诚信合规的企业营造风清气正的发展空间，培育更多规模化、专业化技术服务机构，不断提高市场公信力。

二是激活监测装备与服务新需求，推动新技术与传统设备深度融合。《条例》明确了国家鼓励监测科技研发，具备核心自主研发能力的企业将获得更多政策支持和市场认可。《条例》提出视频监控、自动监测设备安装、使用、联网的要求，并鼓励通过非现场检查、使用非接触技术手段开展监督检查，将推动物联网模块、数据加密与防篡改技术等与传统监测设备的深度融合，催生新一代“智能监测终端”，加速迈向精准高效的“智慧监管”新范式；提出“天地一体、陆海统筹”“数字化、智能化”等要求，将直接刺激对无人机（船）、卫星遥感、走航监测、传感器网络、AI 数据分析平台等先进装备、软件和技术的需求。

三是推动市场优胜劣汰，以高品质监测装备筑牢数据质量根基。《条例》要求开展自行监测应使用符合国家标准和规范的监测设备，并设置了相应法律责任，有利于促进企事业单位和技术服务机构选择性能稳定、数据可靠的高品质设备，压缩低质设备的市场空间。《条例》提出将不符合国家标准或者规范的监测设备及其生产者、销售者向社会公布，并通报市场监督管理部门，将促使设备制造企业加大研发投入，以确保产品的合规性和准确性。

四是坚持多元协同，刚柔并济，共筑生态环境监测行业发展同心圆。《条例》不仅以明确的法律责任和有力的监管措施划定了行业行为的底线与红线，同时明确提出生态环境监测相关行业组织应建立健全行业规范、加强行业自律管理的新要求，充分体现了在法治框架下，社会协同共治的理念。《条例》将进一步引导行业组织制定自律公约、建立诚信档案，推动形成积极向上的行业规范与共识，实现政府监管、行业自律与社会监督的有机结合，构建起法律规范与道德引导并重、外部约束与内部治理协同的可持续治理机制，为行业健康发展提供坚实保障。

《条例》不仅可以推动净化市场环境、淘汰落后产能，更为注重创新、质量和服务的优秀企业创造巨大的发展空间，催生新技术新业态。对于监测装备和技术服务的市场参与者而言，这既是必须严肃应对的“大考”，也是实现产业升级、价值重塑的“东风”。那些能够快速适应新规、坚守质量生命线、勇于技术创新的企业，必将在这一轮洗牌中脱颖而出。

古人云：“徒法不足以自行”。《条例》的公布只是第一步，更重要的是践行、落实。让我们全行业共同行动，主动适应新形势、新要求，自觉落实《条例》各项要求，为行业健康发展提供技术和物质支撑，为行业高质量发展贡献力量。

以严密法网保障生态环境监测事业

中国人民大学法学院副教授　曹炜

生态环境监测是政府及其部门开展生态环境监督、突发生态环境事件应急等公共管理以及企事业单位依法对生态环境有影响活动开展自我管理的重要基础，是生态文明建设的重要支撑。

近年来，党和国家高度重视生态环境监测工作，就生态环境监测体制改革提出诸多要求。例如，2021 年，《中共中央 国务院关于深入打好污染防治攻坚战的意见》提出，要建立完善现代化生态环境监测体系。2023 年，《中共中央 国务院关于全面推进美丽中国建设的意见》提出，要加快建立现代化生态环境监测体系，健全天空地海一体化监测网络。2024 年，《中共中央关于进一步全面深化改革　推进中国式现代化的决定》提出，健全生态环境监测和评价制度。

在这一背景下，《生态环境监测条例》（以下简称《条例》）的出台意义重大。其旨在规范生态环境监测活动、提升生态环境监测能力和水平，保障生态环境监测数据和质量，更好发挥生态环境监测在支撑生态文明和美丽中国建设、服务经济社会高质量发展中的重要作用。

尤其值得注意的是，《条例》对政府及其部门开展的公共监测、企事业单位依法开展的自行监测以及技术服务机构受委托开展的监测服务都作出了明确的规定，还针对不同主体的义务性要求设置了严格法律责任，为《条例》装上了“牙齿”，以严密法网保障生态环境监测的顺利开展。总体而言，《条例》在法律责任设计方面主要有以下几方面的创新亮点：

一是加强自我监督。党的十八大以来，党和国家相继颁布《中国共产党纪律处分条例》、《中华人民共和国公职人员政务处分法》，以严肃党纪政纪，维护党的团结统一，加强对所有行使公权力的公职人员的监督。《条例》第四十一条明确规定对地方各级人民政府、县级以上人民政府有关部门工作人员在公共监测中弄虚作假、打击报复等情形给予处分，并予以通报，强化了公共监测工作的纪律性、严肃性，有利于督促有关公职人员依法履职、秉公用权。

二是强化企事业单位监管。《条例》第三章对企事业单位开展自行监测提出了明确要求，例如使用符合国家标准和规范的监测设备等。第四十二条明确了违反上述要求的法律责任。除了处以罚款、责令停产停业之外，《条例》还规定生态环境主管部门或其他有关部门可以将该设备的有关情况以及生产者、销售者向社会公布，并通报市场监督管理部门，由市场监督管理部门对生产者、销售者依法处理。通过这一规定，有利于形成相关部门之间的协同联动，从源头打击生产、销售不合格设备的产业链条。

三是补强技术服务机构监管。《条例》针对实践中技术服务机构弄虚作假、不遵守生态环境监测规范和标准等情形，专章作了规定。为加强对技术服务机构的威慑力度，《条例》设立了多种责任类型。对于一些技术服务机构不具备相应的设施设备等条件就开展业务等“滥竽充数”的情况，《条例》第四十三条规定了罚款、没收违法所得、责令停业等处罚措施。对于一些技术服务机构“金蝉脱壳”“打一枪换一个地方”的情况，《条例》第四十五条规定了“双罚制”：针对技术服务机构对监测数据弄虚作假的，除了处以高额罚款外，还禁止从事监测服务，对其中取得监测服务相关资质的，由授予其资质的部门吊销其资质证书；针对其直接负责的主管人员和其他直接责任人员，除了处以罚款之外，还规定5年内禁止从事监测服务，情节严重的 10 年内禁止从事监测服务，构成犯罪的依法追究刑事责任且终身禁止从事监测服务。

总体来看，《条例》为生态环境监测制度创设了严密法律责任体系，织造了严密法网，这不仅有利于加强对相关主体的震慑力度，也有利于推动生态环境监测事业的发展进步，为构建生态环境监测新格局奠定坚实法治基础。